LE GUIDE FACILE DU DÉBUTANT POUR L'APPRENTISSAGE DE LA PROGRAMMATION PYTHON.

Contenu

Introduction à Python

Python, langage de programmation généraliste de haut niveau populaire. Il a été développé par la Python Foundation après avoir été créé par Guido van Possum en 1991. Grâce à la syntaxe de programmation conçue pour la lisibilité du code, les programmeurs peuvent être en mesure d'exprimer leurs pensées avec moins de code.

Le langage de programmation Python permet un travail plus rapide et une intégration plus réussie des systèmes.

Les versions de Python les plus utilisées sont Python 2 et Python 3. Les deux sont très différentes. Twitter est un langage dynamique compilé et interprété par bytecode.

Les types de variables, paramètres, fonctions et méthodes ne sont pas déclarés dans le code source. Vous sacrifiez la vérification du type au moment de la compilation du code source, mais ce faisant, vous obtenez un code court et flexible.

Décrivez Python.

Guido van Possum a développé le langage de programmation universel Python dans les années 1980. Il s'agit du langage de programmation le plus populaire au monde en 2023 car il est très flexible, adaptable et convivial pour les débutants.

Le langage de programmation le plus utilisé et le plus simple à apprendre est Python. Il offre une communauté forte et des ressources expérimentées, ainsi qu'un large bassin d'opportunités d'emploi dans tous les secteurs et professions. Selon les classements PYPL et TIOBE, Python a battu C pour devenir le premier langage de programmation en juin 2023.

• Python est conçu pour un large éventail d'applications et non pour résoudre des problèmes spécifiques, tels que :

• Automatisation, science des données, développement Web, développement de logiciels, analyse

C'est facile à utiliser et à enseigner Python

En raison de sa facilité d'utilisation et de sa compréhensibilité, Python est un choix approprié pour les débutants. Le langage possède la syntaxe la plus simple de tous les langages de programmation utilisés aujourd'hui, ce qui en fait le plus accessible. De plus, le langage naturel a la priorité sur tous les autres langages de programmation. La facilité d'utilisation et de compréhension de Python permet de créer et d'exécuter des routines beaucoup plus rapidement que les autres langages de programmation. La popularité de Python a considérablement augmenté, en partie grâce à la facilité avec laquelle les programmeurs de tous niveaux peuvent comprendre et créer le code.

Utiliser Python dans le développement Web

Selon les experts en développement Web, Python est considéré comme l'un des langages de programmation les plus utiles. La disponibilité de ses nombreuses applications différentes avec des solutions prêtes à l'emploi pour les tâches de développement Web de base augmente la vitesse d'un seul projet.

Langage de programmation polyvalent

Python est connu pour son adaptabilité, vous permettant de l'utiliser pour diverses tâches. Explorons plus en détail les cas d'utilisation de Python.

Apprentissage automatique et visualisation de données

Python peut être utilisé pour visualiser des données sous forme de diagrammes circulaires, d'histogrammes et de graphiques à barres et à courbes. De plus, vous pouvez gérer la science des données plus efficacement en utilisant des frameworks Python comme Tensor Flow.

Statistiques analytiques

Python facilite l'exécution de calculs statistiques difficiles et vous fait gagner du temps et des efforts dans leur traitement et leur évaluation.

Le langage est largement utilisé en science des données

Quelle que soit la voie que vous choisissez, les données continueront d'être importantes pour le secteur informatique.

Python est actuellement largement utilisé en science des données. Les experts utilisant les technologies modernes d'analyse de données doivent se familiariser avec les langages de programmation tels que Python, car la quantité de données générées par ces outils augmente chaque jour. Pour profiter des dernières technologies de pointe, les professionnels des données doivent également se tenir au courant des évolutions du secteur.

Un large éventail de bâtiments et de bibliothèques

Python est particulièrement populaire car il permet aux développeurs d'accéder à des dizaines de modules et frameworks différents. Grâce à ces bibliothèques et frameworks, le langage est plus utile car il prend moins de temps.

Les bibliothèques NumPy, SciPy, Django et autres, utilisées pour diverses applications, font partie des bibliothèques Python les plus connues.

Automatisation des tâches et des scripts

Python est particulièrement utile si vous souhaitez augmenter la productivité en automatisant ou en créant des scripts pour des opérations répétitives. Avec Python, vous pouvez accélérer un certain nombre de choses, notamment

- Reconnaître les erreurs
- convertir des fichiers
- E-mails envoyés
- Découverte de contenu Internet
- Élimination des données redondantes
- calcul mathématique rudimentaire

Les outils ML pourraient utiliser Python.

Python est utilisé pour la recherche sur le Big Data et l'apprentissage automatique afin de faire progresser ces domaines. Python est très utile dans le secteur de l'IA et est également utilisé dans la science des données, la robotique et d'autres domaines de croissance technologique.

Python dans l'éducation

Dans les cours collégiaux et universitaires, l'accent est de plus en plus mis sur la langue. Python est si souvent utilisé dans des domaines tels que la science des données, l'intelligence artificielle, l'apprentissage profond et autres, ce qui explique pourquoi. En outre, il est crucial que les écoles et les entreprises intègrent la langue dans leurs programmes, car un grand nombre d'étudiants souhaitent poursuivre un emploi dans le secteur technologique.

Tâches de routine

Python pourrait également aider les non-programmeurs comme les administrateurs de réseaux sociaux et les journalistes en simplifiant leurs tâches habituelles. Python peut être utilisé pour mettre à jour automatiquement les listes d'approvisionnement, déplacer les données des fichiers texte vers des feuilles de calcul et suivre les valeurs boursières, entre autres.

Compatible avec Iota, l'Internet des objets (Iota) est un vaste réseau d'appareils et de technologies interconnectés qui permet les communications entre appareils et cloud. Les instances Iota célèbres sont :

La maison intelligente

Tracker d'activité pour véhicules connectés

Technologie portable avec réalité augmentée.

A une communauté très charitable

L'un des langages de programmation les plus anciens et les plus populaires depuis lors. Cela lui a permis de créer une communauté dynamique de développeurs et de programmeurs. Les étudiants qui étudient Python bénéficient du soutien dont ils ont besoin pour acquérir facilement les compétences requises par l'industrie et recevoir la formation adaptée.

Continuité et flexibilité

Python est un langage flexible qui offre aux programmeurs toute la latitude nécessaire pour expérimenter de nouvelles idées. Les experts Python ne se contenteront pas du statu quo ; Ils tenteront de développer de nouveaux procédés, technologies ou applications. Les développeurs peuvent se concentrer sur l'apprentissage d'une seule langue et utiliser pleinement leurs compétences, leur offrant ainsi l'indépendance et la flexibilité dont ils ont besoin.

Guide d'installation et de configuration de Python 3

Intégration de Python dans Windows

Il existe cinq techniques d'installation sous Windows :

Google Play Store

L'installation complète de Linux pour le sous-système Windows

Dans cette section, vous apprendrez comment vérifier si Python est installé sur votre ordinateur Windows. Vous apprendrez également laquelle des trois techniques d'installation vous devez choisir. Pour des instructions de configuration plus détaillées, consultez le didacticiel « Votre environnement de codage Jingo sous Windows : configuration ».

Comment déterminer la version de Python sous Windows

Pour déterminer si Danto est déjà installé sur votre PC Windows, utilisez un logiciel de ligne de commande tel que PowerShell.

À titre de suggestion, voici comment démarrer PowerShell :

Appuyez sur Win, puis tapez PowerShell pour commencer.
Insérez la clé.
En cliquant avec le bouton droit sur le bouton Démarrer, vous pouvez choisir entre Windows PowerShell et Azure PowerShell (administrateur).
Vous pouvez également utiliser Windows Terminal ou cmd.exe.

Remarque : Pour plus d'informations sur vos choix de

terminal Windows, consultez Utilisation du terminal sous Windows.

Ouvrez la ligne de commande, tapez la commande suivante et appuyez sur Entrée :

la commande « python --version Python 3.8.4 »
Vous pouvez voir la version installée en utilisant le commutateur --version. Alternativement, vous pouvez utiliser le commutateur -V :

Python -V 3.8.4 peut être trouvé en C :
Dans tous les cas, si vous constatez une version inférieure à la 3.8.4, qui était la version la plus récente au

moment de la rédaction, vous devez mettre à jour votre installation.

Les deux instructions ci-dessus lanceront le Microsoft Store et vous mèneront à la page de l'application Python si vous n'avez pas déjà installé une version de Python sur votre ordinateur. Dans la partie suivante, vous apprendrez comment terminer l'installation à partir du Microsoft Store.

Vous pouvez utiliser la commandewhere.exe dans PowerShell ou cmd.exe pour trouver l'emplacement d'installation si vous êtes curieux :

Qu'est-ce que la syntaxe en Python ?

Les principes utilisés pour construire des phrases dans la programmation Python sont tous définis par la syntaxe Python.

Par exemple, pour comprendre la langue anglaise, nous devons étudier la grammaire. De même, pour maîtriser le langage Python, il faut d'abord étudier et comprendre sa grammaire.

Un exemple de syntaxe en Python

La structure grammaticale claire de Python contribue à sa popularité.

Vous pourriez avoir une idée de ce à quoi ressemble la programmation Python en jetant un coup d'œil rapide à une simple application Python.

Utilisez un simple programme Python pour vérifier si une personne a le droit de voter.

print("Entrez votre nom :") après avoir obtenu le nom de l'utilisateur.

Obtenez l'âge de l'utilisateur print("Entrez votre âge :") name = input()

L'âge est égal à int (input())

Si (âge >= 18), déterminez si l'utilisateur est autorisé ou non :

print(nom, « est éligible pour voter ».

Alternativement : print(name, 'n'est pas éligible pour voter.')

Structures de données Python

qu'elles soient accessibles plus rapidement en fonction de la situation . L'élément fondamental de chaque langage de programmation et la base de chaque **liste**

Le programme est la structure des données. Python est plus facile à apprendre que les autres langages de programmation lorsqu'il s'agit de comprendre les principes de ces structures de données.

Les listes en Python sont comme les tableaux dans d'autres langages, qui sont des collections de données présentées de manière ordonnée. Une liste est très flexible car ses composants ne doivent pas nécessairement être du même type. Les listes en Python sont similaires aux vecteurs en C++ ou aux listes de tableaux en Java. L'action la plus coûteuse consiste à ajouter ou à supprimer un membre du haut de la liste, car tous les composants doivent être déplacés. Le coût de suppression ou d'insertion en fin de liste peut augmenter si la RAM nouvellement allouée est complètement épuisée.

Pour illustrer, créez une liste Python

Liste = print(Liste) [1, 2, 3, "GFG", 2.3].

Tuple

Un tuple Python est une collection d'objets Python, similaire à une liste, sauf que les tuples sont intrinsèquement immuables, ce qui signifie que leurs composants ne peuvent pas être modifiés ou ajoutés une fois générés . Un tuple peut avoir des composants de différents types, semblables à une liste.

L'utilisation d'une « virgule » pour diviser une série de valeurs, ou avec ou sans utilisation de parenthèses pour organiser la séquence de données, crée un tuple en Python.

Créer des tuples à partir d'un seul élément est également possible, mais plus difficile. Un élément entre parenthèses ne suffit pas ; Pour le convertir en tuple, la « virgule » suivante est requise.

Exemple : opérations sur tuples Python.

Les chaînes sont utilisées pour créer un tuple.
Tuple = ('Geeks', 'For') print("Utiliser une chaîne dans un tuple :")
imprimer (tuples)

List1 = [1, 2, 4, 5, 6] print("Tuple using List :") crée un tuple à l'aide d'une liste.
Tuple est égal à Tuple (liste1).

# Utiliser l'indexation pour accéder à un élément print (« Premier élément du tuple »)
imprimer(Tuple[0])

Accéder au dernier élément d'un tuple à l'aide de l'indexation négative print("Dernier élément du tuple") print(Tuple[-1])

print (« Troisième avant-dernier élément du Tuple »)
imprimer (Tuple[-3])
Les tableaux de chaînes Python d'octets représentant les caractères Unicode forment des chaînes. Une chaîne peut être considérée comme une collection immuable de caractères. Un seul caractère en Python n'est qu'une chaîne de longueur 1 car il n'y a pas de type de données caractère.

Étant donné que les chaînes ne peuvent pas être modifiées, une nouvelle chaîne est créée.

Types d'opérateurs Python : le langage de programmation Python prend en charge les types d'opérateurs suivants.

Opérateurs de comparaison (opérateurs de relation) pour l'arithmétique
Opérateur de tâches
Opérateurs intelligents
Opérateurs en bits
Titulaires d'une adhésion
Opérateurs individuels
Jetons un coup d'œil rapide à chaque opérateur l'un après l'autre.

Opérateurs arithmétiques en Python

Opérateurs exécutés par Python. Ces opérations comprennent l'addition, la soustraction, la multiplication, la division, le module, les expositions et la division d'étage.

Exemple de nom d'opérateur + ajout Soustraire 10 de 20 pour obtenir 30Multiplication : 20 - 10 = 10Division de 10 * 20 = 20020 / 10 = 2 %Module de division au sol 22 % 10 = 2 Exposant 4**2 = 169//2 = 4

Opérateurs de comparaison en Python

Les valeurs de chaque côté d'un opérateur de comparaison en Python sont comparées pour déterminer leur relation. Les opérateurs de comparaison sont un autre nom pour eux. Ces opérateurs sont égaux, non égaux, supérieurs à, inférieurs à, supérieurs ou égaux et inférieurs ou égaux à.

Exemple de nom d'opérateur != Différent de 4 != 5 est vrai. == Égal à 4 == 5 n'est pas vrai. Ce n'est pas vrai : supérieur à 4 > 5.

Moins de 4 sur 5 sont vrais. Il n'est pas vrai que 4 >= 5 ou supérieur ou égal à 4.

Si 4 est inférieur ou égal à 5, alors 5.

Opérateurs d'affectation en Python

Les variables peuvent se voir attribuer des valeurs à l'aide d'opérateurs d'affectation Python. Ces opérateurs comprennent des opérateurs d'affectation de base ainsi que des opérateurs d'addition, de soustraction, de multiplication, de division et d'affectation.

Un exemple de nom d'opérateur est « affectation ». Affectation a += 5 (Identique à a = a + 5) Opérateur a = 10 +

Problème de soustraction : a -= 5 (identique à a = a - 5)

Problème de multiplication : a *= 5 (identique à a = a * 5)

Problème de division : a = a/5 (également appelé a = a/5)

Affectation %= reste a%= 5 (égal à a = a%)

Affectation de l'exposant a = 2 (également connu sous le nom de a = a ** 2)

Affectation de division d'étage an est égal à 3 (alias a = a // 3)

Opérateurs au niveau du bit en Python

Les opérateurs bit à bit fonctionnent petit à petit et manipulent les bits. Considérons le cas où a = 60 et b = 13. Dans ce cas, leurs valeurs sous forme binaire seraient respectivement 0011 1100 et 0000 1101. Les opérateurs bit à bit autorisés dans le langage Python sont répertoriés dans le tableau ci-dessous accompagnés d'un exemple de chacun. Nous utilisons les deux variables mentionnées ci-dessus (a et b) comme opérandes.

Opérateurs logiques en Python

Le langage de programmation Python prend en charge les opérateurs logiques suivants. Supposons que la variable a contienne 10 et que la variable b contienne 20,

Opérateurs d'adhésion en Python

Les opérateurs d'appartenance en Python vérifient si une séquence d'éléments, tels que des chaînes, des listes ou des tuples, existe. Comme décrit ci-dessous, il existe deux opérateurs d'adhésion.

Modules

Un fichier Python avec le suffixe.py qui peut être importé dans un autre programme Python est appelé un module.

Le nom du module est remplacé par le nom du fichier Python.

1) Les définitions de classe et leur implémentation sont incluses dans

le module. 2) variables ; et 3) Fonctions utilisables en interne.

Travailler avec des modules rend le code réutilisable, ce qui constitue un avantage des modules.
Simplicité : au lieu de se concentrer sur l'ensemble du sujet, le module se concentre sur un infime aspect de celui-ci.
Portée : pour éviter les conflits d'ID, un module spécifie un espace de noms unique.

Configurer un module

Créer un module avec une seule fonction
Ce logiciel crée une fonction appelée « Module » et l'enregistre dans un fichier appelé Yashi.py (le nom du fichier plus le suffixe.py).

Création d'un module avec une variété de fonctionnalités
Nous avons développé quatre fonctions d'addition, de multiplication, de soustraction et de division dans cette application.

Nommer le document Operations.py

Caractéristiques
Une fonction est un morceau de code qui n'est exécuté que lorsqu'il est appelé. Vous pouvez fournir des paramètres – des données – à une fonction.

En conséquence, une fonction peut renvoyer des données.

Diverses fonctions

1. Fonctions personnalisées : Les fonctions personnalisées sont celles que nous développons nous-mêmes pour effectuer une activité spécifique.

Comme vous pouvez le voir dans l'exemple de fichier Yashi.py ci-dessus, nous avons créé notre propre fonction pour effectuer certaines opérations.

Avantages des fonctions personnalisées

Les fonctions personnalisées facilitent la compréhension, la maintenance et le débogage des programmes en les divisant en sections gérables.

lorsqu'un programme a du code répétitif. Ces programmes peuvent être placés dans une fonction qui peut être appelée pour exécution en cas de besoin.

Expliquez le terme « programmation orientée objet ».

Le paradigme de programmation orientée objet (POO) pour la programmation informatique organise la conception de logiciels basée sur des données ou des objets plutôt que sur des fonctions et une logique. Un champ de données présentant certaines caractéristiques et comportements est appelé un objet.

En POO, l'accent est davantage mis sur les objets que les programmeurs souhaitent manipuler que sur la logique requise pour le faire. Les applications complexes, volumineuses et fréquemment mises à jour ou entretenues conviennent à ce style de développement. Cela inclut les logiciels de conception et de production ainsi que les applications mobiles. Par exemple, un logiciel de simulation de système peut être créé en utilisant la POO.

En raison de la structure des logiciels orientés objet, la stratégie est avantageuse dans le développement collaboratif lorsque les projets sont divisés en groupes. La POO offre également les avantages de l'efficacité, de l'évolutivité et de la réutilisation du code.

Que comprend la gestion des fichiers Python ?

En plus de créer, ouvrir, ajouter, lire et écrire, Python prend également en charge...

La gestion des fichiers est une tâche régulière lors de la programmation. Les méthodes intégrées de Python pour générer, ouvrir et fermer des fichiers facilitent la gestion des fichiers. Lorsqu'un fichier est ouvert, Python autorise également diverses actions sur le fichier, telles que la lecture, l'écriture ou l'ajout de données.

Comment Python gère-t-il les opérations sur les fichiers ?

- Utilisez la méthode open() de Python pour ouvrir un fichier

- « r » : Ce mode indique que le fichier est uniquement disponible en lecture.
- Le mode « w » indique que le fichier est ouvert en écriture uniquement. ...
- La sortie de ce programme est ajoutée à la sortie précédente de ce fichier, comme indiqué par le mode « a ».

Que sont le débogage et la gestion des erreurs ?

Par conséquent, la gestion des erreurs est un moyen d'empêcher une erreur potentiellement dévastatrice d'arrêter un programme. Au lieu de cela, votre application peut avertir l'utilisateur de manière beaucoup plus conviviale lorsqu'un problème survient, tout en vous permettant de garder le contrôle du programme.

Qu'entends-tu par gestion des erreurs ?

Gestion des erreurs dans la conception du compilateur

Chaque problème doit être détecté et signalé à l'utilisateur. Un plan de rétablissement doit alors être élaboré et mis en œuvre pour résoudre le problème. La vitesse de traitement du programme ne doit pas être lente tout au long du processus. La détection des erreurs est une fonction d'un gestionnaire d'erreurs.

Que sont les API et les bibliothèques ?

Une bibliothèque est un ensemble d'applications qui effectuent ensemble des activités connexes ou le même travail en groupe. Pour faire simple, une bibliothèque ressemble à un gros morceau de code. Une API est l'interface que vous utilisez pour interagir avec un autre système, qui peut être une bibliothèque. Une API apparaît souvent comme un groupe de méthodes et de fonctionnalités.

Qu'implique l'utilisation des API ?

Mais nous sommes vraiment heureux que vous ayez posé la question ! Les API constituent un élément essentiel de notre monde numérique, permettant des milliards d'expériences numériques chaque minute de chaque jour. L'acronyme API signifie « Application Programming Interface ». Les API sont un type d'interface logicielle qui permet à deux applications de communiquer entre elles.

Analyse de données Python

L'analyse des données est le processus de collecte, de traitement et d'organisation des données pour faire des prédictions sur l'avenir et prendre des décisions éclairées fondées sur les données. Il est également utile de rechercher des réponses possibles aux problèmes commerciaux. L'analyse des données est divisée en six phases. Comme suit:

Demander ou fournir des demandes de données

Préparation ou collecte de données, nettoyage, traitement, analyse, partage, reporting

- Quelles sont les sept phases de l'analyse des données ?
- Pour évaluer correctement les données, suivez les étapes suivantes :
- Décidez d'un objectif. Tout d'abord, déterminez les principaux objectifs et objectifs de votre analyse de données.
- Sélectionnez le type d'analyse de données approprié que vous souhaitez utiliser.
- Déterminez une stratégie de collecte des données.
- Collectez les données, puis nettoyez-les.

- Analysez les informations.
- Visualisez les informations.
- Recherche descriptive.

Comment Python peut-il être utilisé pour accéder à SQL ?

Le pilote ODBC pour SQL Server vous permet de vous connecter à SQL Server depuis Python.

Connectez-vous d'abord. pock nan = pyodbc.connect

import('DRIVER=Dearth ODBC Driver pour SQL Server'; Serveur : Mon serveur ; Base de données : Ma base de données ; Port : Mon port ; ID utilisateur : Mon Ushered ; Mot de passe : Mon mot de passe')

La deuxième étape consiste à insérer une ligne.

Troisième étape : Exécutez la requête.

Comment Python accède-t-il à une base de données MySQL ?

Connexion Python à une base de données MySQL

Installez le module de connexion pour MySQL. La connexion MySQL de Python peut être installée à l'aide de la commande pip.

Installez le module de connexion MySQL.

Utilisez la technique connect().

Utilisez la fonction Curseur( ).

Utilisez la fonction exécuter().

Obtenez le résultat avec fetchall ( ).

Fermez la connexion et les objets curseur.

Python a-t-il sa place dans le développement web ?

Python permet aux concepteurs de sites Web de créer des sites Web en utilisant divers paradigmes de programmation. Par exemple, il convient aussi bien à la programmation fonctionnelle (FP) qu'à la programmation orientée objet (POO). Notre article sur FP versus POO explique les différences entre les deux.

Python est un beau langage. Les règles sont courtes, simples et amusantes à apprendre. Bien qu'il s'agisse d'un choix populaire auprès des débutants, Python est également suffisamment puissant pour gérer certains des produits et applications les plus connus au monde d'entreprises telles que la NASA, Google, IBM, Cisco, Microsoft et Industrial Light & Magic, entre autres .

Python excelle dans un certain nombre de domaines, notamment le développement Web. Les nombreux frameworks proposés en Python incluent Bottle.py, Flask, CherryPy, Pyramid, Django et web2py. Ces frameworks sont utilisés par certains des sites Web les plus populaires au monde, notamment Yelp, Mozilla, Reddit, Washington Post et Sportily. Les leçons et les articles de cette section traitent des approches de développement d'applications Web Python, en mettant l'accent sur la manière de développer des solutions viables aux problèmes pour lesquels les gens ordinaires ont réellement besoin d'aide.

Avantages de Python

- Python est facile à utiliser et à apprendre pour les nouveaux utilisateurs. Ce langage de programmation de haut niveau possède une syntaxe comparable à l'anglais. Ces facteurs rendent la langue plus facile à apprendre et à s'adapter. Comparé à Java et C, Python nécessite moins de lignes de code pour obtenir le même résultat. Les concepts de Python peuvent être appliqués plus rapidement que ceux d'autres langages car ils sont plus faciles à apprendre.

- Résultat amélioré : le langage Python est assez efficace. En raison de sa simplicité, les développeurs peuvent se concentrer sur la résolution des problèmes Python. Plus de travail est effectué car les utilisateurs n'ont pas à passer des heures à étudier la syntaxe et les fonctionnalités du langage de programmation.

- Flexibilité : les utilisateurs peuvent essayer de nouvelles choses car ce langage est très polyvalent. Les utilisateurs peuvent créer plusieurs nouveaux types d'applications à l'aide du langage de programmation Python. Le langage n'empêche pas l'utilisateur d'essayer des choses uniques. Python est utilisé plus fréquemment dans certains contextes que d'autres langages de programmation car il offre plus de liberté et de flexibilité.

- Grande bibliothèque : lors de l'utilisation de Python, l'utilisateur a accès à une immense bibliothèque. La vaste bibliothèque standard Python possède pratiquement toutes les fonctionnalités dont on pourrait avoir besoin. Cela est dû au fort soutien de la communauté locale et au financement des entreprises. Les utilisateurs utilisant Python n'utilisent pas de bibliothèques externes.
- a été développé il y a de nombreuses années , il dispose d'une communauté bien établie qui peut aider les développeurs de tous niveaux

d'expérience, des débutants aux spécialistes. Les développeurs peuvent apprendre le langage de programmation Python plus rapidement et de manière plus complète grâce aux manuels, didacticiels et documentation complets du langage. Grâce à sa communauté de soutien, Python s'est développé plus rapidement que les autres langages.

Les inconvénients de Python

Nous avons déjà vu plusieurs raisons pour lesquelles Python est une option viable pour votre projet. Mais si vous choisissez cette voie, vous devez également garder un œil sur les résultats.

- Examinons maintenant les limites de Python par rapport aux autres langages.

- Limites de vitesse
- Comme nous l'avons vu, le code Python est exécuté ligne par ligne. Cependant, Python étant un langage interprété, les performances sont souvent lentes.

- Toutefois, à moins que la rapidité ne soit un élément clé du projet, cela ne pose pas de problème.

- 2. Mauvais navigateurs et informatique mobile
- Python est un excellent langage côté serveur, mais il

est beaucoup moins courant côté client.

- De plus, il est rarement utilisé pour créer des applications pour smartphones. L'application Carbonnelle en est un exemple.

- Malgré la présence de Brython, il est moins connu en raison d'un manque de sécurité adéquate.

- Limites de conception
- Comme vous le savez, Python utilise le typage dynamique. Par conséquent, vous n'avez pas besoin de définir le type d'une variable lors de l'écriture du code.

- Il tape avec un canard. Mais qu'est-ce que c'est ? En termes simples, cela signifie que tout ce qui ressemble à un canard doit en être un.

- Bien que cela facilite le codage pour les programmeurs, des erreurs d'exécution peuvent survenir.

- 4. Niveaux d'accès aux bases de données insuffisants
- Les couches d'accès aux bases de données de Python sont quelque peu immatures par rapport aux technologies plus populaires telles que JDBC (Java DataBase Connectivity) et ODBC (Open DataBase Connectivity).

- Cela signifie qu'il est moins fréquemment utilisé dans les grandes entreprises.

- 5. De base
- Non, nous ne plaisantons pas. La simplicité de Python peut en réalité être un inconvénient. Pensez à ce que j'ai fait. Je suis plus intéressé par Python que Java